AF384567

CATALOGUE

DES LIVRES

DE LA BIBLIOTHÈQUE

DE FEU M***, *Chaumat*

Dont la Vente se fera le jeudi 29 Décembre, à six heures précises de relevée, et le vendredi 30, à midi précis, et le soir à six heures de relevée, rue de Cléry, n° 32.

A PARIS,

Chez MM. { De Bure frères, Libraires du Roi et de la Bibliothèque royale, rue Serpente, n° 7; Bonnefons, Commissaire-Priseur, rue Montmartre, n° 148.

DE L'IMPRIMERIE DE CRAPELET.

1814.

Mediator.

floiseau

p.

Loiseau.

p.

p.

p.

10. Mch.

CATALOGUE

DES LIVRES

DE LA BIBLIOTHÈQUE

DE FEU M***.

1. Biblia Sacra, latina. *Parisiis*, 1702, *in-4. v. b.*

2. Le Coran, trad. de l'arabe par Savary. *Paris*, 1783, 2 *vol. in-8. v. éc.*

3. Pensées de Sénèque, en latin et en françois. *Paris*, *l'an III, in-12. bas.*

4. Caractéres de La Bruyère. *Paris, Bastien*, 1790, 2 *vol. in-8. bas.*

5. De la Sagesse, par Charron. *Paris*, 1783, 2 *vol. in-8. fig. v. rac.*

6. Essai sur les monnoies, ou Réflexions sur le rapport entre l'argent et les denrées, (par Dupré de Saint-Maur.) *Paris*, 1746, *in-4. v. m.*

7. Traité des monnoies, par de Bazinghen. *Paris*, 1764, 2 *vol. in-4. v. m.*

8. Le Caissier italien, par Benaven. 1787, 2 *vol. in-fol. v. m.*

9. Traité élémentaire de physique, par Haüy. *Paris*, 1806, 2 *vol. in-8. fig. br.*

10. Nouveau Dictionnaire d'histoire naturelle, appliquée aux arts, principalement à l'agricul-cure, etc. par une société de naturalistes et

d'agriculteurs. *Paris*, 1803, 24 *vol. in-8. fig. v. rac. dent.*

11. Car. a Linné Systema naturæ, edente J. Fr. Gmelin. *Lipsiæ*, 1788, 7 *vol. in-8. bas.*

12. L'Histoire naturelle éclaircie dans une de ses parties principales, l'oryctologie, qui traite des terres, des pierres, etc. (par d'Argenville.) *Paris*, 1755, *gr. in-4. fig. v. éc.*

13. Histoire naturelle de la montagne de Saint-Pierre de Maëstricht, par Faujas de Saint-Fond. *Paris*, 1799, *gr. in-4. fig. v. rac. dent.*

14. Système sexuel des végétaux, par Linné, trad. par Jolyclerc. *Paris*, 1803, 2 *tom. en* 1 *vol. in-8. v. éc.*

15. Histoire naturelle du Sénégal, par Adanson. *Paris*, 1757, *in-4. fig. v. éc.*

16. Phil. Bonanni, Recreatio mentis et oculi, et observationes circa viventia. *Romæ*, 1684 *et* 1691, 2 *vol. in-4. fig. vél.*

17. 576 planches des oiseaux de Buffon. *In-4. fig. coloriées, renfermées dans* 4 *boîtes, v. f.*

18. Brunnichii ornithologia Borealis. *Hafniæ*, 1764, *in-8. bas.* = Méthode analytique des fossiles, par Struve. *Paris, an* VI, *in-8. fig. v. rac.*

19. G. E. Rumphii Thesaurus imaginum piscium, testaceorum et cochlearum. *Lugd. Bat.* 1711, *in-fol. fig. v. b.*

20. Dictionnaire d'histoire naturelle, qui concerne les testacées, par Favart d'Herbigny. *Paris*, 1775, 3 *vol. petit in-8. bas.*

21. Testacea musæi Cæsarei Vindobonensis, disposuit et descripsit Ignatius a Born. *Vindobonæ*, 1780, *gr. in-fol. cart. fig. coloriées.*

22. Historiæ sive synopsis methodicæ conchyliorum libri IV, cum appendicibus, aut. M. Lister, edit. altera, rec. G. Huddesford. *Oxonii*,

e typ. Clarend. 1770 , 1 *tom. en* 2 *vol. in fol. fig. vélin.*

23. Conchyliologie , ou Histoire naturelle des coquilles , (par d'Argenville.) *Paris ,* 1757, 1 *tom.
en* 2 *vol. in-4. fig. bas.*

24. L'Histoire naturelle éclaircie dans une de ses
parties principales, la conchyliologie, qui traite
des coquillages de mer, de rivière, etc. par
d'Argenville ; nouvelle édition, par Favanne de
Montcervelle. *Paris,* 1780 , 2 *vol. gr. in-4. et*
1 *vol. de planches , v. éc..*

25. Conchyliologie systématique, par de Mont-
fort. *Paris ,* 1808 , 2 *vol. in-8. fig. br.*

26. Les Délices des yeux et de l'esprit , ou Collection des différentes espèces de coquillages que
la mer renferme, par G. W. Knorr. *Nuremberg,*
1760, 6 *part. en* 2 *vol. in-4. v. f. fig. coloriées.*

27. F. H. G. Martini et J. H. Chemnitz Historia
conchyliorum , germanice et latine. *Nurem-
bergæ,* 1769 , 11 *vol. gr. in-4, v. éc. dent. fig.
coloriées.*

28. Histoire naturelle des coquilles , des vers et
des crustacées , par Bosc. *Paris , an* x , 10 *vol.
in-*18. *cart. Pap. Vél. fig. coloriées.*

29. Ordre naturel des oursins de mer , par Klein.
Paris , 1754 , *in-8. fig. v. m.*

30. Vermium terrestrium et fluviatilium Historia, auct. Muller. *Hauniæ,* 1773 , 2 *tom. rel. en*
1 *vol. in* 4. *v. rac.*

31. Système des animaux sans vertèbres , par
M. Lamarck. *Paris ,* 1801 , *in-8. v. m.*

32. Traité des pétrifications. *Paris ,* 1752 , *in-*4.
fig. v. m.

33. Locupletissimi rerum naturalium thesauri ac-
curata descriptio , aut. Alb. Seba , lat. et gallice.
Amst. 1734 , 4 *vol. in-fol. fig. v. f.*

34. Index testarum conchyliorum quæ asservan=

tur in museo N. Gualtieri. *Florentiæ*, 1742, *gr. in-fol. fig. v. b.*

35. Catalogue des Curiosités de la nature et de l'art du cabinet de Davila. *Paris*, 1767, 3 *vol. in-8. v. m.*

3..40   36. Hippocratis Aphorismi, gr. et lat. cur. Lorry. *Parisiis*, 1784, *in-18. v. f.*

4..55   37. Traduction des ouvrages de Celse sur la médecine, par Ninnin. *Paris*, 1753, 2 *vol. in-12. v. m.*

3.-10   38. Eléments de géométrie, par M. le Gendre. *Paris*, 1808, *in-8. fig. br.* = Eléments d'algèbre, par M. Lacroix. *Paris*, 1811, *in-8. br.*

50..15   59. Histoire de l'astronomie ancienne, moderne, et Traité de l'astronomie indienne et orientale, par J. Silvain Bailly. *Paris*, 1781 *et ann. suiv.* 5 *vol. in-4. fig. bas.*

2..30   40. Traité élémentaire d'astronomie physique, par J. Biot. *Paris*, 1805, 2 *vol. in-8. fig. dem. rel.*

5..25   41. Physique méchanique de Fischer, traduite de l'allemand par M. Biot. *Paris*, 1806, *in-8. fig. br.*

42. Calepini Dictionarium octolingue. *Lugduni*, 1656, 2 *vol. in-fol. v. b.*

4..80.   43. Schrevelii lexicon-græco-latinum. *Lutetiæ*, 1806, *in-8. parch.*

6——   44. P. Danetii magnum Dictionarium latinum et gallicum. *Lugduni*, 1691, 1 *tom. en* 2 *vol. in-4. bas.*

45. Novitius seu Dictionarium latino-gallicum, (aut. H. Magniez.) *Lut. Paris.* 1721, 2 *vol. in-4. v. rac.*

24.---   46. Glossarium ad scriptores mediæ et infimæ latinitatis, aut. Car. du Fresne, Dom. du Cange. *Paris.* 1733, 6 *vol. in-fol. v. b. Ch. Mag.*

6---   47. Dictionnaire françois-latin, par Lallemant. *Bâle*, 1790, *in 8. v. porph.* = Dictionarium

p.

meliat.

brachy.

loiseau

pierre.

henriot

martin

picmartin

pierre

martin

p.

p.

p.

maria l'ainé

p.

marie l'ainé.

id.

treuttel.

57. MRo.

p.

R.

grégoire.

cordier.

latino-gallicum , auct. Boudot. *Bruxellis*, 1786,
in 8. *v. porph.*

48. Dictionnaire de l'académie françoise. *Paris*,
l'an VII , 2 *vol. in-*4. *bas. rac.*

49. Manuel lexique , publié par Dabeille. *Paris*,
1789 , 2 *vol. in-*8. *bas.*

5o. Synonymes françois de Girard , publ. par
Beauzée. *Paris , l'an* VI , 2 *vol. in-*12. *bas.*

51. Synonymes françois, par Roubaud. *Paris* ,
1796 , 4 *vol. in-*8. *v. porph.*

52. Dictionnaire italien , par Alberti. *Marseille* ,
1796 , 2 *vol. in-*4. *bas.*

53. Dictionnaire espagnol - françois et françois-
espagnol, par Sejournant. *Paris ,* 1789, 2 *vol.*
*in-*4. *bas.*

54. Dictionnaire allemand - françois et françois-
allemand. *Lausanne ,* 1801 , 2 *vol. in-*4. *bas.*

55. Dictionnaire hollandois-françois et françois-
hollandois , par Winkelman. *Utrecht ,* 1783 ,
2 *vol. gr. in-*8. *bas.*

56. Dictionnaire complet françois et russe. *Saint-*
Pétersbourg , 1786., 2 *vol. in-*4. *bas.*

57. Quintilien , de l'Institution de l'orateur, trad.
par l'abbé Gedoyn. *Paris,* 1769, 4 *vol. in-*12. *bas.*

58. Oraisons choisies de Cicéron , en lat. et en
françois. *Paris, Barbou ,* 1801 , 4 *vol. in-*12. *bas.*

59. Académiques de Cicéron , en latin et en françois , trad. par David Durand. *Paris* , 1796, 2
*vol. in-*12. *bas.*

60. Entretiens de Cicéron sur les vrais biens et les
vrais maux , trad. par Regnier Desmarais. *Pa-*
ris , an III , *in-*12. *bas.*

61. Lucrèce , en latin et en françois, trad. par
La Grange. *Paris , an* VII , 2 *vol. in-*12. *bas.*

62. Traduction en prose de Catulle , Tibulle et
Gallus, (par de Pezay.) *Paris ,* 1771, 2 *vol. in-*12.
veau éc.

9--50 63. Traduction complète des poésies de Catulle et de Gallus, avec le texte en regard, par M. Noël. *Paris*, 1803, 2 *vol. in*-8. *bas. rac.*

11--95 64. Elégies de Tibulle, par Mirabeau. *Paris*, 1798, 3 *vol. in*-8. *v. rac. fig.*

8--95 65. Elégies de Properce, traduites par de Longchamps. *Paris*, 1802, 2 *vol. in*-8. *v. rac. fig.*

20-- 66. Œuvres de Virgile, traduites par des Fontaines. *Paris*, an *VI*, 4 *vol. in*-8. *v. rac. fig.*

3--50 67. Les Bucoliques de Virgile, trad. en vers françois. *Paris*, 1806, *in*-8. *v. rac.*

11--35 68. Poésies d'Horace, en latin et en françois, trad. par Sanadon. *Amst.* 1756, 8 *vol. in*-12. *bas.*

18--70 69. Les Fables de Phèdre, en latin et en françois. *Paris*, 1796, *in*-12. *bas.*
70. Œuvres complètes d'Ovide, trad. en françois. *Paris, l'an VII*, 7 *vol. in*-8. *v. rac.*

4-- 71. Seconde Guerre punique, poëme de Silius Italicus, en latin et en françois, trad. par le Febure de Villebrune. *Paris*, 1781, 3 *vol. in*-12. *bas.*

5--10 72. La Thébaïde de Stace, trad. par Cormiliolle. *Paris*, 1783, 3 *vol. in*-12. *v. j.*
73. L'Achilléide et les Sylves de Stace, trad. en françois par Cormiliolle. *Paris*, 1802, 2 *vol. in*-12. *v. m.*

9--60 74. Les Satyres de Juvénal, trad. par J. Dusaulx, avec le texte latin et des notes. *Paris*, 1803, 2 *vol. in*-8. *v. m.*

8--95 75. Œuvres d'Ausone, trad. en françois par l'abbé Jaubert. *Paris*, 1769, 4 *vol. pet. in*-12. *v. m.*

7-- 76. Œuvres complettes de Claudien, traduites en françois. *Paris*, an *VI*, 2 *vol. in*-8. *bas. rac.*

12-- 77. Les Comédies de Plaute, trad. par Gueudeville. *Leide*, 1719, 10 *vol. in*-12. *fig. v. éc.*

10--95 78. Les Comédies de Térence, en latin et en fran-

p.

Le febvre.

p.

g. tuario

Bonnefous.

p.

Lefebvre

p.

Nozeran

pierre

p.

Rozeran

Marie l'ainé

p.

grégoire

pierre

Cordier.

p.

g. warie

warie l'ainé

Cordier.

p.

warie l'ainé.

nozeran

g. warie

Cordier.

warie l'ainé

çois, trad. par le Monnier. *Paris , 1771 , 3 vol.
petit in-8. fig. v. éc.*

79. Dictionnaire de rimes , par Richelet. *Paris ,* **4**.
l'an VII , in-8. v. rac.

80. Œuvres de Boileau. *Paris , 1798 , in-4. fig.* **20**.
v. éc. dent. Pap. Vél.

81. Œuvres de Vergier. (*Paris , Cazin*), 1780 , 3 ⎫
vol. in-18. v. éc.   ⎬ **6**.
82. Œuvres diverses de Grécourt. (*Paris, Cazin,*) ⎭
1780, 4 *vol. in-18. v. éc.*

83. Œuvres de Bernard. *Paris , 1805, 4 vol. in-18.* **5**.
v. éc.

84. Œuvres de Jacques Delille. *Paris , 1801 et* **60**.
années suiv. 14 *vol. gr. in-8. fig. v. rac. dent.*

85. Abrégé de l'Histoire du théâtre françois , par **4**.
le cl. ev. de Mouhy. *Paris, 1780, 4 vol. in-8. bas.*

86. La divina Comedia di Dante. *Parigi , Cazin ,* **3 -- 75**.
1787 , 3 *vol. in-18. v. éc.*

87. L'Enfer, poëme du Dante, trad. de l'italien, **3**.
(par Rivarol.) *Paris , 1785 , in-8. v. éc.*

88. Le Rime di Petrarca. *Parigi , Cazin ,* 1786, **3 -- 10**.
2 *vol. in-18. v . éc.* = Filli di Sciro, del conte
Bonarelli. *Parigi , Cazin ,* 1786, *in-18. v. éc.*
= Favole di Pignotti. *Parigi , Cazin ,* 1786,
in-18. v. éc.

89. Choix de poésies de Pétrarque , trad. par **2 . 20**.
M. Levesque. *Paris , 1787, 2 vol. in-18. v. éc.*
= Œuvres de Bernis. *Paris, Cazin ,* 1786, 2 *vol.*
in-18. v. éc.

90. Roland furieux , traduit de l'Arioste par de **5**
Tressan. *Paris, 1780, 5 vol. in-12. bas.*

91. Le Gerusalemme liberata di Tasso. *Parigi ,* **2**.
Cazin , 1785, 2 *vol. in-18. bas. éc.* = L'Aminte
du Tasse , trad. en françois. *Paris , Pierres ,*
1785, *in-18. v. éc.*

92. La Secchia rapita del Tassoni. *Parigi, Cazin ,* **1 -- 50**.
1786, *in-18. v. éc.*

3 . . 15   93. Le Seau enlevé, poëme du Tassoni, en italien et en françois. *Paris*, 1759, *3 vol. pet. in*-12. *basane*.

10 . . 95   94. La Araucana, por don Alonzo de Ercilla. *En Madrid*, 1776, *2 vol. in*-8. *v. rac.*

5 . . .   95. Lusiadas de L. de Camoëns. *Coimbra*, 1800, *2 vol. in*-18. *v. r.*

3 . . 5   96. La Lusiade de L. Camoëns, poëme trad. du portugais. *Paris*, 1768, *3 vol. in*-12. *v. m.*

4 . . 95   97. Le Paradis perdu de Milton, trad. de l'anglois. *Paris*, 1782, *3 vol. in*-12. *bas.*

9 . . .   98. Dictionnaire de la Fable, par Noël. *Paris*, 1801, *2 vol. in*-8. *bas.*

17 . . 95   99. Les Métamorphoses, ou l'Ane d'or d'Apulée, en latin et en françois. *Paris*, *Bastien*, 1787, *2 vol. in*-8. *v. éc.*

20 . . .   100. Les Œuvres de Fr. Rabelais, suivies des remarques publiées en anglois par Le Motteux, et trad. en françois. *Paris*, *an VI*, *3 vol. in*-8. *fig. v. rac.*

40 . . 5   101. Le Décameron de Jean Boccace, (trad. par A. Le Maçon). *Londres* (*Paris*), 1757, *5 vol. in*-8. *fig. doubles, v. porph. dent.*

48 . . 5   102. Les Amours pastorales de Daphnis et Chloë, trad. du grec de Longus, par J. Amyot. (*Paris, Coustelier*), 1718, *in*-8. *m. r. dent.*
Edition originale, ornée de figures gravées par B. Audran, d'après les dessins du duc d'Orléans, régent.

5 . . 50   103. La Duchesse de la Vallière, par Mme de Genlis. *Paris*, 1806, *in*-8. *v. éc.*

4 . . .   104. Histoire de Manon Lescaut, par l'abbé Prévost. *Paris*, 1797, *2 vol. in*-18. *fig. v. rac.*

8 . . 5   105. Les Liaisons dangereuses, (par Choderlos de la Clos.) *Londres*, 1796, *2 vol. in*-8. *fig. v. porph.*

4 . . .   106. Madame de Maintenon, par Mme de Genlis. *Paris*, 1806, *in*-8. *v. éc.*

2 . . 40   107. Six mois d'exil. *Paris*, 1805, *3 vol. in*-12. *bas.*

Marie L'ainé

Marie L'ainé

crozet.

crozet..

pierre

94 . mch.

97 . MRo.

99 . MRo . Rol.

102 . MRo.

103 . Rol.

le febure
pierre.

Datin

106 . Rol.

La Loy
pierre
Delzons
nozeran

112. Mch.

p.

p.

115. Lag.

p.

Simonnet.

truchy

119. Mch.

p.

Waré l'ainé

Waré l'ainé

idem

108. Le Sopha, par Crébillon fils. 2 *vol. in-12. v. éc.*   2.

109. Satyres de Pétrone, en latin et en françois. *Paris*, 1803, 2 *vol. in-8. v. rac. dent.*   5.

110. Essais de Montaigne. *Paris*, 1802, 4 *vol. in-8. v. rac.* Edit. stéréotype.   16.--25.

111. Œuvres de M. de Sacy, de l'Académie françoise. *Paris*, 1722, *in-4. v. f.*   2.

112. Œuvres de Fontenelle. *Paris*, *Bastien*, 1790, 8 *vol. in-8. v. porph.*   53.--95.

113. Œuvres de Montesquieu. *Londres*, 1767, 3 *vol. in-4. v. m.*   15.

114. Lettres juives, Lettres chinoises, Lettres cabalistiques, et Mémoires secrets, par le marquis d'Argens. *La Haye*, 1777, 28 *vol. pet. in-12. v. m.*   19.

115. Dictionnaire de Géographie ancienne. *Paris*, 1768, *in 8. v. éc.*   5.

116. Dictionnaire géographique, par Vosgien. *Paris*, 1801, *gr. in-8. bas.*   4.--20.

117. Abrégé de l'Histoire générale des voyages, par de La Harpe, avec les continuations. *Paris*, 1780, 44 *vol. in-8. fig. et atlas in-4. v. m.*   128.--5.

118. Le Voyageur françois, par l'abbé de la Porte. *Paris*, 1793, 42 *vol. in-12. v. éc. et atlas in-4. dem. rel.*   55.

119. Voyages et Mémoires du comte de Benyousky. *Paris*, 1791, 2 *vol. in-8. bas.*   5.--95.

120. Voyage en Syrie et en Egypte, par M. Volney. *Paris*, *an VII*, 2 *vol. in-8. fig. v. éc.*   10.

121. Voyage de la Chine à la Côte nord-ouest d'Amérique, par J. Meares, traduit de l'anglois. *Paris*, *an III*, 3 *vol. in-8. bas. rac. et atlas in-4. dem. rel.*   7.

122. Voyage du duc du Châtelet en Portugal. *Paris*, 1801, 2 *vol. in-8. fig. v. éc.*   5.--15.

123. Voyage en Hongrie, par Townson, trad. de l'anglois. *Paris*, 1803, 3 *vol. in-8. v. rac. dent.*   11.

124. Voyages de Pallas en Russie, trad. de l'allemand. *Paris*, 1788, 5 *vol. in-4. v. rac. et atlas
dem. rel.*

125. Voyages de Pallas dans les gouvernemens mé-
ridionaux de la Russie, trad. de l'allemand.
Paris, 1805, 2 *vol. in-4. fig. v. rac. dent. et atl.
in-fol. obl. dem. rel.*

126. Voyage en Grèce et en Turquie, par Sonnini.
Paris, 1801, 2 *vol. in-8. v. éc. et atlas in-4.
dem. rel.*

127. Description de l'Arabie, par Niebuhr. *Paris*,
1779, 2 *vol. in-4. fig. bas. éc.*

128. Voyage en Arabie, par Niebuhr, trad. de
l'allemand. *Amst.* 1776, 2 *vol. in-4. fig. v. éc.*

129. Voyages de Chardin en Perse et autres lieux
de l'orient. *Amst.* 1735, 4 *vol. in-4. fig. v. rac.*

130. Voyage aux Indes et à la Chine, par Sonne-
rat. *Paris*, 1806, 4 *vol. in-8. v. rac. et atlas
in-4. dem. rel.*

131. Voyage dans l'Inde et au Bengale, par de
Grandpré. *Paris*, 1802, 2 *vol. in-8. fig. v.
rac. dent.*

132. Voyage dans l'intérieur de la Chine et en
Tartarie, par Macartney, trad. de l'anglois. *Paris*, *l'an VII*, 5 *vol. in-8. fig. v. rac. dent.*

133. Voyage en Chine et en Tartarie, par Holmes,
trad. de l'anglois. *Paris*, 1805, 2 *vol. in-8.
v. rac. dent.*

134. Voyage en Chine, par Barrow, trad. de
l'anglois. *Paris*, 1805, 3 *vol. in-8. et atlas in-4.
v. rac. dent.*

135. Voyage à la Cochinchine, par J. Barrow,
trad. de l'anglois. *Paris*, 1807, 2 *vol. in-8. v.
rac. et atlas in-4. dem. rel.*

136. Voyages de Thunberg au Japon, trad. de
l'anglois. *Paris*, 1796, 4 *vol. in-8. fig. v. rac.
dent.*

Bonnefoi.

Martin

le febure.

Loiseau

Durand

pierre

Crozet.

le febure

Simonet.

p.

p.

Simonet.

128. Rol.

139. Lag.

145. Mch.

Loïcan

crozet.

pierre

Lefebure

p.
pierre

p

Lefebure

p.
Cordier.

Bonnefois.

137. Relation de l'ambassade angloise au royaume d'Ava, trad. de l'anglois. *Paris, 1800, 3 vol. in-8. et atlas in-4. v. rac. dent.*

138. Voyage à l'île de Ceylan, par R. Percival, trad. de l'anglois. *Paris, 1803, 2 vol. in-8. fig. rel.*

139. Relation des Malheurs et de la Captivité du capitaine David Woodard et de ses compagnons, dans l'île de Célèbes, avec la description de cette île, etc. trad. de l'anglois. *Paris, 1805, in-8. fig. v. rac.*

140. Voyage d'Egypte et de Nubie, trad. du danois de Fr. L. Norden, avec des notes, par M. Langlès. *Paris, 1795, 3 vol. in-4. v. rac. dent. et atlas dem. rel.*

141. Voyage dans la Haute et Basse-Egypte, par Sonnini. *Paris, l'an VII, 3 vol. in-8. v. éc. et atlas in-4. dem. rel.*

142. Voyage au cap de Bonne-Espérance, par A. Sparrmann. *Paris, 1787, 3 vol. in-8. fig. bas.*

143. Voyage dans les îles des mers d'Afrique, par Bory de Saint-Vincent. *Paris, 1804, 3 vol. in-8. v. rac. et atlas in-4. dem. rel.*

144. Relation de la grande isle de Madagascar, par de Flacourt. *Paris, 1661, in-4. fig. v. b.*

145. Voyages à Madagascar, par Alexis Rochon. *Paris, an x, 3 vol. in-8. fig. veau.*

146. Voyages de Mackenzie dans l'intérieur de l'Amérique septentrionale, trad. de l'anglois. *Paris, 1802, 3 vol. in-8. fig. v. éc. Pap. Vél.*

147. Voyage dans les Deux-Louisianes, par Perrin du Lac. *Paris, 1805, in-8. fig. v. rac.*

148. Voyage à la Guiane et à Cayenne. *Paris, l'an VI, in-8. fig. bas.*

149. Voyage à Surinam, par Stedman, trad. de l'anglois. *Paris, l'an VII, 3 vol. in-8. et atlas in-4. v. rac. dent.*

150. Voyage à la partie orientale de la Terre-Ferme, dans l'Amérique méridionale, par Depons. *Paris*, 1806, 3 *vol. in*-8. *fig. v. éc.*

151. Journal d'un Voyage aux îles Malouïnes, par Pernety. *Berlin*, 1769, 2 *vol. in*-12. *v. m.*

152. Histoire de Justin, traduite par l'abbé Paul. *Paris*, 1788, 2 *vol. in*-12. *bas.*

153. Discours sur l'Histoire universelle, par Bossuet. *Paris*, 1803, 4 *vol. in*-12. *v. f. dent. Pap. Vél.*

154. Abrégé chronologiqne de l'Histoire ecclésiastique. *Paris*, 1768, 3 *vol. in*-8. *v. m.*

155. Origine de tous les Cultes, ou Religion universelle, par Dupuis. *Paris*, 1795, 4 *vol. in*-4. *fig. v. éc.*

156. Voyages de Pythagore en Egypte, (par Sylvain Maréchal.) *Paris*, *l'an VII*, 6 *vol. in*-8. *fig. v. éc. dent.*

157. Lettres athéniennes, trad. de l'anglois par Villeterque. *Paris*, 1803, 3 *vol. in*-8. *fig. bas.*

158. Histoire d'Alexandre-le-Grand, par Quinte-Curce, en latin et en françois, trad. par Beauzée. *Paris*, *Barbou*, 1800, 2 *vol. in*-12. *bas.*

159. Examen critique des anciens historiens d'Alexandre-le-Grand, (par le baron de Sainte-Croix.) *Paris*, 1804, *in*-4. *fig. v. rac. dent.*

160. Les Commentaires de César, en latin et en françois, publiés par de Wailly. *Paris*, 1799, 2 *vol. in*-12. *bas.*

161. Traduction complette de Tacite, par Dotteville, avec le texte. *Paris*, 1799, 7 *vol. in*-12. *v. m.*

162. Abrégé de l'Histoire romaine de Florus, en lat. et en françois, trad. par l'abbé Paul. *Paris*, *l'an III*, *in*-12. *bas.*

163. Histoire de France depuis l'établissement de la monarchie françoise dans les Gaules, par le

Crozet.

Cordier.

nozeran

martin

gregoir

pierre

gab. waré

pierre

158. MRo.

waré oncle

Simonnet.

Waré l'ainé

162. Rol.

Waré l'ainé.

grégoire

gab. warié

simonnet.

p.

simonnet.

grégoire

warié l'ainé

simonnet

Bonnefoin.

P. Daniel. *Paris*, 1755, 17 *vol. in*-4. *v. m.*

164. Histoire de France depuis l'établissement de
la monarchie, par Velly, Villaret et Garnier,
avec l'Histoire de France avant Clovis, par Lau-
reau, et les tables. *Paris*, 1757, 35 *vol. in*-12. *v. m.*

165. Nouvel Abrégé chronologique de l'Histoire
de France, par le prés. Hénault, avec la suite,
par Fantin des Odoards. *Paris*, 1775, 5 *vol.
in*-8. *v. éc.*

166. Traité historique des Monnoies de France,
avec la Dissertation sur quelques monnoies de
Charlemagne, par F. le Blanc. *Paris*, 1690 *et*
1689, 2 *vol. in*-4. *fig. v. f. et v. b.*
Il manque le titre imprimé au Traité des monnoies.

167. Tableau de l'Espagne moderne, par Bourgoing.
Paris, 1803, 3 *vol. in*-8. *v. éc. dent. et atlas
in*-4. *dem. rel.*

168. Histoire de la Russie sous Catherine II, par
Tooke, trad. de l'anglais. *Paris*, 1801, 6 *vol.
in*-8. *v. rac.*

169. Bibliothèque orientale, par d'Herbelot. *Maes-
tricht*, 1776, *in-fol. v. m.*

170. Histoire de Nader Chach, par Jones. *Londres*,
1770, *in*-4. *v. r.*

171. Histoire philosophique, par Raynal. *Genève*,
1780, 10 *vol. in*-8. *bas. et atlas dem. rel.*

172. Description historique et géographique de
l'Indostan, par Rennell, trad. de l'anglois. *Paris*, 1800, 3 *vol. in*-8. *et atlas in*-4. *v. rac. dent.*

173. Histoire de Sumatra, par Will. Marsden, trad.
de l'anglois. *Paris*, 1788, 2 *vol. in*-8. *fig. v.
éc. dent.*

174. Essais sur les isles Fortunées et l'antique
Atlantide, par Bory de Saint-Vincent. *Paris*,
l'an XI, *in*-4. *fig. bas.*

175. Ans. Banduri numismata imperatorum ro-
manorum. *Paris*. 1718, 2 *vol. in-fol. fig. v. b.*

176. Mémoires de la Société d'histoire naturelle de Paris. *Paris, an VII, in-4. fig. v. rac.*

177. Mémoires pour servir à l'histoire de notre littérature, par Palissot. *Paris, 1803, 2 vol. in-8. v. m.*

178. Bibliographie instructive, par G. F. De Bure le jeune. *Paris, 1763, 7 vol. in-8. v. j.* = Catalogue des livres de Gaignat, par le même. *Paris, 1769, 2 vol. in-8. v. m.*

179. Dictionnaire bibliographique des livres rares. *Paris, Cailleau, 1791, 4 vol. in-8. v. m.*

180. Mémoires de Marmontel. *Paris, 1804, 4 tom. rel. en 2 vol. in-8. bas.*

181. Histoires diverses d'Élien, trad. du grec (par M. Dacier.) *Paris, 1772, in-8. v. rac.*

182. Valère Maxime, traduit par Binet. *Paris, an VI, 2 vol. in-8. bas.*

183. Dictionnaire historique et critique, par P. Bayle. *Amst. 1730, 4 vol. in-fol. v. b.*

F I N.

Les Livres seront exposés dans l'ordre qui suit :

Le jeudi 29 décembre, à six heures.

Les nᵒˢ 35 à 91. = 1 à 34.

Le vendredi 30, à midi précis.

Livres non portés sur le Catalogue, dont un grand nombre sur l'administration.

L'après-midi, à six heures.

Les nᵒˢ 92 à 183.

N. B. L'on vient de nous faire savoir que tous les ouvrages sur les coquilles avaient été vendus avec la collection des coquilles ; ainsi ils ne seront point exposés en vente, quoiqu'ils se trouvent portés sur le Catalogue.

P

177. Rol.

truchy

nozeran

gab-wari

crozet.

crozet.

guillemard.